Working Off
the
BEATEN Path

Nicole C. Harris

www.weareaps.com

Working Off the BEATEN Path

DEDICATION

This book is dedicated to my sons, Nathan, Nigel and Nicholas. Gentlemen, thank you for inspiring me to maintain and increase my strength, my patience, and my sense of self. I love you always.

To my first shero, Veronica Precious Bohanan. Thank you for being my best friend, for allowing me to live vicariously through you (the POSTCARDS!!!), and for the vocal hugs on the dark days. I love you.

To my sister Toneal, another shero. Thank you for showing

me daily what it looks like to live your dream. Thank you for never stopping. Thank you for letting the hard days/nights make you better. Thank you for being the wall when life was the truck. I paid attention. I took notes. I needed it. I love you.

To my pastor, Vicky Winston. Thank you for showing me how beautiful a spirit could be in SPITE of life. Thank you for showing me resilience and creativity without even realizing it was happening. Thank you for your never-ending humility. I love you.

Shon, Augie, and Maisha; there will never be any words.

Our time ushered me into womanhood. I love you three.

To all those who supported me when I didn't know enough to support myself. Thank you for believing in my when it was darker in my heart than it could ever be outside. Thank you for being my light, my soul's food, and the source of my smiles. I love you.

To those who will read this book in the hopes of finding a job, and perhaps relocating lost hope in self. You CAN. The best of your life starts now.

To anyone I may not have mentioned, be patient with me. This is my first book, not my last. ☺

*In Loving Memory of:
Judy McDonald,
Barbara Johnson,
Valerie Harris, and
Nicholas Goldsmith*

PROLOGUE

When you ask a child what they want to be when they grow up, the answer will probably be one of the following: Doctor, Lawyer, Professional Athlete, Professional Entertainer, or something illegal. When you couple that small scope of employment aspirations with the current rate of unemployment, the future looks a bit bleak.

That reality was the catalyst that led to the writing of this book. It is a guide to 48 jobs that, for various reasons, may not cross the average person's mind when considering employment. These listings also include pertinent information about each job, because it makes no sense to offer a destination with no map to get there. Though the job TITLES aren't those that would immediately come to mind, they are very real and within reach. Many are quite lucrative and the nature of others just may surprise you.

Even if you do not find a job that suits you, it is my sincerest hope that this guide shows that your skills do not have to be "regular", "conventional", or "traditional" in order for you to get a job, and a good one at that.

Best Wishes and
Happy Hunting!

48 Unorthodox Jobs

Airplane Repossessor

Other Titles:
None

Duties:
Research, track, trace, repossess, fly and deliver airplanes of all types.

Necessary Education/Training:
Aviation license for all types of aircraft, Familiarity with local, state, national and international aviation and airspace laws, stealth; you are legally stealing an aircraft.

Compensation:
6%-10% commission of the resale price of the plane, or $10,000 – $900,000 per plane recovered

*Please note: The danger level in this position is particularly high. You may be asked to retrieve planes from hijackers, criminals, or people who simply don't want to return the plane.

Bicycle Courier

Other Titles:
Bike Messenger

Duties:

Make deliveries all over the city by bike.

Necessary Education/Training: Strong knowledge of local geography and Rules of the Road; high level of physical fitness

Compensation:
$3-$5 per run, or
$200-$400 per week

*Please note: This job is best suited for risk takers, very observant riders, and those not easily frightened. On average, one bicycle courier a year loses their life and many others are injured.

Bounty Hunter

Other Titles:
Bail Enforcement Officer;
Fugitive Recovery Agent

Duties:
Find and apprehend fugitives

Necessary Education/Training:
Apprenticeships under
established bounty hunters,
tracking, surveillance, self-
defense skills, firearm training,
security and negotiations
training

Compensation:
10%-20% of bond, or
$50,000-$80,000 per year

*Please note: This job is a dangerous one. You will be hunting for fugitives, and your life may be in danger on any given day.

Cake Decorator

Other Titles:
None

Duties:
Consult with customers to make, create, and design cakes of various themes and complexities

Necessary Education/Training:
Completion of an accredited program by the American

Culinary Federation or Wilton School of Cake Design, or graduation from a college with a culinary arts degree

Compensation:
Average of $26 per hour, or $20,000-$50,000 per year

Cartographer

Other Titles:
Mapmaker

Duties:
Use computer software (CAD or GIS) to create, design and produce accurate paper, 3D or virtual maps and store them in databases. Accuracy is

extremely important to a cartographer.

Necessary Education/Training: Degree in Geological Information Science, to include science, cartography and design software coursework. Must also have a professional portfolio of completed maps when looking for work.

Compensation: $30,000-$80,000 with an average of $50,000 per year

*Though cartographers make maps of exotic, faraway places, they seldom actually

visit the places they map. They use aerial photos, satellite images, surveying equipment, laser range finders, GPS, specialized cameras, drafting instruments and scanners to create their maps.

Cell Biologist

Other Titles:
Microbiologist

Duties:
Study microorganisms and how they live, grow and interact in their natural environments.

Necessary Education/Training:

For basic research, a Bachelor's Degree in Microbiology. For Lead Research and University-level Teaching, a Ph.D. is required.

Compensation:
$45,859 - $103,030 with $67,550 as an average salary ($32.47 per hour)

Chimney Sweep

Other Titles:
None

Duties:
Inspect, clean, service and repair chimneys

Necessary Education/Training:
Certification with the Chimney
Safety Institute of America
(CSIA)

Compensation:
$12,000-$25,000 but up to
$80,000 in some areas

Cobbler

Other Titles:
Shoemaker; Cordwainer

Duties:
Repair, restore and improve
footwear. Also fix belts,
zippers, luggage, gloves,
handbags, buckles and other
leather products. Specific

attention and pride is paid to quality craftsmanship.

Necessary Education/Training:
The Shoe Service Institute of America's (SSIA's) Pedothortic Shoe Technician Certification

Compensation:
$16,000 - $19,000 per year

Comedy Writer

Other Titles:
None

Duties:
Write comedy for magazines, books, newspapers, television, stage, film or standup

Necessary Education/Training: No Formal Education is required, but humor, ability to read an audience and writing skills are necessary

Compensation: $50,000 per year

Coroner

Other Titles: Medical Examiner, Forensic Examiner

Duties: Determine the manner and cause of death, notify family of death, perform autopsies, testify in court when necessary

Necessary Education/Training:
Medical background, State
Issued License

Compensation:
$28,000-$80,000;
$45,000 average

Crime Scene Photographer

Other Titles:
None

Duties:
Take photos of crime scenes
for investigations and court
evidence

Necessary Education/Training:
Criminal Justice Degree, vast

knowledge of photography

Compensation:
$29,130

Embalmer

Other Titles:
Mortician

Duties:
Prepare dead bodies for
funeral services

Necessary Education/Training:
Degree in Mortuary Science,
State Certification

Compensation:
$25,000-$85,000;

$45,000 average

Feng Shui Consultant
(pronounced fung-SCHWAY)

Other Titles:
None

Duties:
Rearrange space in a client's
home to help positive energy
flow smoothly

Necessary Education/Training:
Feng Shui Training Courses

Compensation:
$20,000-$60,000
*Celebrity Consultants can
make up to $250,000 yearly.

Flavorist

Other Titles:
Flavor Chemist

Duties:
Create and duplicate flavors
lost when food is processed

Necessary Education/Training:
Chemistry Degree
recommended

To be a Jr. Flavorist, you
would need a 5-year
apprenticeship
To be a Sr. Flavorist, you
would need a 7-year
apprenticeship

Compensation:
$50,000-$200,000 per year

*Apprenticeships are given by the Society of Flavor Chemists, and there are only 1,000 Flavorists worldwide.

Food Scientist

Other Titles:
None

Duties:
Research ways to improve the efficiency and safety of agricultural establishments and products

Necessary Education/Training:

Bachelor's Degree

Compensation:
$62,470 or $30.03 per hour

Forensic Sketch Artist

Other Titles:
None

Duties:
Use detailed verbal
descriptions to recreate
accurate images that can assist
in the solving of crimes

Necessary Education/Training:
Certification in Forensic Art,
with an Art or Criminal Justice
Degree preferred

Compensation:
$29,000-$62,000 per year or
$14-$30 per hour

Funeral Service Worker

Other Titles:
None

Duties:
Organize and manage the
details of a funeral

Necessary Education/Training:
Associate's Degree in Funeral
Service or Mortuary Science
from the American Board of
Funeral Service Education; 1-3
years training under a licensed
funeral director; passing of the

National Board Exam, and license in Washington, DC as well as every state worked in

Compensation:
$53,390 or $25.67 per hour

Genetic Counselor

Other Titles:
None

Duties:
Assess individual family risk for a variety of inherited conditions such as genetic disorders and birth defects. Information and support is then provided to other healthcare providers, to

individuals or to families concerned with the risk of inherited conditions.

Necessary Education/Training: Master's Degree in Genetic Counseling/Genetics as well as Board Certification

Compensation: $72,090 or $34.66 per hour

Golf Ball Diver

Other Titles: Professional Golf Ball Retriever

Duties: Dive into water hazards/ponds

on golf courses to retrieve balls that have been knocked into them. The retrieved balls will then be salvaged and recycled as a less expensive alternative to buying them new.

Necessary Education/Training: Must be at least 18 years of age; must be able to lift up to 60 lbs.; must have doctor's approval for physical health; must be First Aid and Dive Rescue certified; and must complete either a 4-6-week certification course or a 7-9 month long accredited scuba diving program

Compensation:
up to $100 per hour, or
$100,000 per year

Gravedigger

Other Titles:
Cemetery Worker, Burial
Grounds Custodian

Duties:
Dig grave for burials and
maintain cemetery grounds

Necessary Education/Training:
Physical fitness, sensitivity
toward and comfort with
death

Compensation:

$20,000-$55.000;
$40,000 average

Greeting Card Writer

Other Titles:
None

Duties:
Write greeting card slogans;
research greeting card trends

Necessary Education/Training:
Bachelor's Degree in Creative
Writing, Advertising,
Marketing or English

Compensation:
$25 - $150 per greeting card
*humorous cards make more

money

Gunsmith

Other Titles:
None

Duties:
Design, fix, repair, modify, service and assemble firearms

Necessary Education/Training:
Federal Firearms License, which must be renewed every 3 years at $200; At least 4,000 hours of apprenticeship and instruction per trade Master Gunsmiths have to log 16,000 hours of apprenticeship and instruction

Compensation:
$25,000 - $49,000 per year
or $11-$24 per hour

*The danger level for this position is extremely high. Strong attention must be paid to detail because firearms are the focus of this job.

*The ATF (Bureau of Alcohol, Tobacco and Firearms) oversees this position, which is restricted trade at the federal and state level.

Highway Flagger

Other Titles:
None

Duties:
Direct and control traffic flow
in roadside construction zones

Necessary Education/Training:
Certification from the
American Traffic Safety
Services Association, Flagger
Training

Compensation:
$17,000 or $15-$20 per hour

Illustrator

Other Titles:
None

Duties:
Use drawings to inform,

persuade or entertain

Necessary Education/Training:
Skilled in one or more forms
of art/drawing

Compensation:
$44,850, or $21 per hour

*Illustrators can make up to
$89,000 per year.
Famous illustrators can make
up to $200,000 per year.
Medical or Technical
Illustration can command
$40,000 - $150,000 per year.

Key Grip

Other Titles: None

Duties:
Supervise grip crews, who lift, moves, carries, transports, rigs, operates, builds and places production equipment where it needs to be

Necessary Education/Training:
Physical fitness, skills in carpentry, rigging, and electric; Membership in a union to guarantee wages

Compensation:
$37,000 - $100,000
*Best markets for this job are in Los Angeles and New York

Master Sommelier

Other Titles:
None

Duties:
May work from restaurants, wineries, or independently. In restaurants, a Master Sommelier assists in picking wines for the restaurant as well as assisting customers in deciding which wine best complements their meal. In addition, the Master Sommelier may host testing and training for employees of area restaurants.

Necessary Education/Training:
Before being able to become Master Sommelier, one must

first achieve Introductory Sommelier status, followed by Certified Sommelier, then Advanced Sommelier. Only then can one sit for the Master Sommelier exam…. which you must be invited to take. Completing and passing this exam usually takes 2 – 3 tries, and sometimes as many as six.

If you pass, you are awarded a Diploma from the Court of Master Sommeliers, something only 229 people in the world have been able to do since 1969. Master Sommeliers travel often to gain firsthand knowledge of winemaking processes, regularly attend formal wine tastings, and must stay informed about wine industry trends.

Compensation:
$150,000 per year

Mime

Other Titles:
Pantomime, Street Performer

Duties:
To engage convincingly in the art of acting without using words

Necessary Education/Training:
Training at either the

American Mime Theater or the
Theatrical Mime Theatre,
Street Permit for those who
perform outside

Compensation:
Up to $77,000 per year

Movie Stuntman

Other Titles:
None

Duties:
Practice and perform action
sequences for movies and film

Necessary Education/Training:
Complete a month-long
training at the International

Stunt School; Become a member of the Screen Actors Guild (SAG) or the American Federation of Television & Radio Artists

Compensation:
$5,000 - $250,000 per year; $70,000 average

Ocularist

Other Titles:
None

Duties:
Construct, fit, customize and maintain ocular prostheses, also known as artificial eyes

Necessary Education/Training: Complete apprenticeship with the American Society of Ocularists (ASO), including 5 years or 10,000 hours of training and 750 credits in ASO coursework, then pass the National Examining Board of Ocularists (NBO) Exams

Compensation: $60,000 - $100,000

Personal Shopper

Other Titles: Image Consultant

Duties: Communicate with customers

to help ascertain their shopping needs, then help them shop for their ideal products, or shop FOR them

Necessary Education/Training: Retail experience, ability to get along with multiple personalities

Compensation: $30,000 - $60,000

Pit Crew Worker

Other Titles: None

Duties: Assist in changing tires,

refueling, adjusting aerodynamics or checking parts at a high rate of speed to help get driver back onto racetrack in as little time as possible

Necessary Education/Training: No formal education required, but automotive knowledge and Pit Crew Training is recommended

Compensation: $35,000 - $90,000 per year

Process Server

Other Titles: None

Duties:
Deliver and serve legal
papers (summons, subpoenas,
warrants, etc.)

Necessary Education/Training:
Certification from the National
Association of Investigative
Specialists, Completion of
Process Server Training, State
Licensure and Bonding

Compensation:
$25,000 - $70,000

Professional Cheese Sculptor

Other Titles:
None

Duties:
Mold cheese into sculptures as a form of advertisement. Finished product is usually displayed at trade shows, food and wine events, state fairs, supermarkets, weddings, etc. A sculpting project can take from 2 hours to 10 days to carve.

Necessary Education/Training: Love for art; Strong dexterity; Patience

Compensation:
$400 - $1,500 per carving, or a flat rate for larger projects
*There are only 3 professional cheese sculptors in the U.S.

Professional Ethical Hacker

Other Titles:
Penetration Tester

Duties:
Use computer skills to penetrate information systems to increase security, identify weaknesses and vulnerabilities, and to decrease the amount of criminal penetration.

Necessary Education/Training:
Certification from the EC Council, Knowledge of Programming, Script language and Hacking

Compensation:

$92,000 - $170,000

Professional Mattress Jumper

Other Titles:
Furniture Tester

Duties: Walk and jump in predetermined patterns on newly manufactured mattresses to ensure there are no lumps or imperfections.

Necessary Education/Training: None

Compensation:
$28,580 or $13.74 per hour

Puppeteer

Other Titles:
Ventriloquist

Duties: Design, create and
manipulate puppets

Necessary Education/Training:
Degree in Theater Arts is
preferred

Compensation:
$32,000 - $250,000,
depending on assignment

Roadkill Collector

Other Titles:
None

Duties:

Locate, remove and dispose of roadkill (dead animals and their remains)

Necessary Education/Training: Driver's License; Strong stomach

Compensation:
$15 per hour, or set rate per animal collected with potential of up to $72,000 per year

Rodeo Clown

Other Titles:
None

Duties:

Protect cowboys from bulls; entertain rodeo audiences

Necessary Education/Training: Completion of Rodeo Clown School

Compensation: $100 - $500 per show, or $40,000 - $90,000 per year

*This job has a moderately high risk of danger. Rodeo clowns risk being gored (stabbed with the horn), broken bones or even death any time they perform.

Search Engine Optimizer

Other Titles:
None

Duties:
Analyze, review, change and develop websites to increase those websites' visibility and search engine ranking

Necessary Education/Training:
Knowledge of HTML, CSS and JavaScript

Compensation:
$32,000 - $68,000 per year

Skydiving Instructor

Other Titles:
None

Duties:
Pack parachutes, skydive and teach others to skydive, usually by diving with them.

Necessary Education/Training: Substantial knowledge of skydiving and parachutes, USPA instructor ranking, and the logging of at least 500 jumps and 3 hours of freefall

Compensation: This is a seasonal position, usually only weekends about 10 months out of the year, weather permitting; average salary is $30,000

Snake Milker

Other Titles:
None

Duties:
Manually extract venom from snakes to be used in the making of anti-venoms

Necessary Education/Training:
Degree in either Biology, Chemistry or Herpetology (the study of reptiles); completion of snake handling and identification courses

Compensation:
$2,500 monthly or $30,000 per year

Stevedore

Other Titles:
Longshoreman; Dock Worker

Duties:
Work in a ship's cargo hold below deck in various capacities, attaching and positioning straps, cables and hooks on the boxes of cargo containers. May guide cranes to help with loading and unloading, or use onboard chutes to help unload cargo, depending on area of expertise.

Necessary Education/Training: Certification by the National Commission for Certification for Crane Operators; On-the-

Job Training

Compensation:
$41,000 - $71,000 yearly
(depending on area of
expertise)

Submarine Cook

Other Titles:
Chef; Submariner

Duties:
Work with 2 other cooks to
provide 4 meals daily for up
to 58 people. Must live in
close quarters with very little
privacy. Submarine remains
underwater for weeks, even
months at a time, so those

interested cannot be claustrophobic. Must also know the basic duties of each different position on the submarine in case of emergency.

Necessary Education/Training: Must pass psychological testing, have the ability to get along with people of various personality types, and have substantial culinary expertise. To apply for the Royal Navy, must be between 16 and 36 years of age

Compensation:
Base Pay - $58,000
Individual Critical to the Navy

Bonus $50,000; Capability
Bonus (for Experienced Cooks)
$40,000
Seagoing Allowance $22,254
Submarine Service Allowance
$26,703.
Grand Total: $196,957 a year

Taxidermist

Other Titles:
None

Duties: Prepare, stuff and
mount animals in a 3-
dimensional lifelike form as a
trophy for hunters, museums,
homes, educational institutions
or restaurants

Necessary Education/Training:
Apprenticeship under a
recognized taxidermist,
Completion of 12 weeks of
Taxidermy School, and
possession of state-issued
license

Compensation:
Per mount pricing,
approximately
$41,000 per year

Technical Writer

Other Titles:
None

Duties:
Create documents that take

complicated subjects and technical jargon and communicate ideals in easy-to-understand terms

Necessary Education/Training: Prior writing experience, Professional Portfolio

Compensation: $36,000 - $97,000; $53,000 average

Toxicologist

Other Titles: None

Duties: Study and research the

symptoms, mechanics and treatments of potentially harmful toxins. Also seek to understand and identify what toxins are around and what effects they will have on the environment and those exposed to them.

Necessary Education/Training: BS, MS, or PhD in the Sciences, preferably Toxicology. Must also pass the American Board of Toxicology Exams.

Compensation:
$60,747 - $88,969 per year

Tree Surgeon

Other Titles:
Arborist; Arboriculturalist

Duties:
Work to maintain tree health.
Diagnose problems; act to
restore tree health.

Necessary Education/Training:
Degree in Landscaping,
Architecture, Botany or
Forestry; Certification from
the International Society of
Arboriculture

Compensation:
$39,000 per year

Video Game Tester

Other Titles:
None

Duties:
Test and report flaws, bugs,
and/or errors in pre-released
video games

Necessary Education/Training:
Computer Science Degree is
recommended

Compensation:
$18,000 - $80,000 per year

DISCLAIMER

You must research availability and further requirements of any position in which you are interested.

Every position is not available in every city, and time of year may also play a role in job availability. This is merely a guide to possible positions, and proof that your skills don't have to be conventional for you to be able to make a decent living.

Good Luck in your search. Here's to living Off the Beaten Path!

Trabajos fuera de lo común

ACERCA DEL LIBRO:

Trabajos fuera de lo común es una guía concisa para 48 trabajos inusuales, y en algunos casos, hasta con descripciones más extrañas. Fue escrito para aquellos quienes, por alguna razón, no se sienten realizados con trabajos tradicionales (doctores, abogados, atletas profesionales, entrenadores personales, trabajador de comida rápida, y otros).

Esta guía demuestra que no importa cuán extrañas piensas que son tus habilidades, en algún lugar hay una ocupación que los aceptará y aprovechará. Ser incapaz de conseguir un trabajo "común" no significa automáticamente que no tienes la habilidad; solo tienes habilidades diferentes a la norma. Algunas veces tienes que ver las cosas desde otro punto de vista.

Esta guía espera mostrarle a los lectores que está bien ser diferente. Está bien ser peculiar. No hay nada malo con tener un trabajo inusual.

DEDICATORIA

Este libro está dedicado a mis hijos, Nathan, Nigel y Nicholas. Caballeros, gracias por inspirarme a mantener y aumentar mi fuerza, mi paciencia y mi sensación de ser. Los amaré siempre.

A mi primera heroína, preciosa Veronica Precious Bohanan. Gracias por ser mi mejor amiga, por permitirme vivir indirectamente a través de ti (¡¡las postales!!), y por los abrazos verbales en los días difíciles. Te quiero.

A mi hermana Toneal, otra heroína. Gracias por mostrarme a diario cómo se ve vivir tu sueño. Gracias por nunca detenerte. Gracias por que hacer los días y noches difíciles sean mejores. Gracias por ser el muro cuando la vida era el camión. Presté atención, tomé notas. Lo necesitaba. Te quiero.

A mi pastora Vicky Winston. Gracias por mostrarme lo hermoso que puede ser un espíritu a pesar de las dificultades de la vida. Gracias por mostrarme la resistencia y creatividad sin darme cuenta de que estaba pasando. Gracias por tu humildad infinita. Te quiero.

Shon, Augie, y Maisha...nunca habrá palabras suficientes.

Nuestro tiempo juntas me acompañó en mi desarrollo hacia una mujer adulta. Las quiero a las tres.

Y a todas esas personas que me apoyaron cuando no me apoyé a mí misma lo suficiente. Gracias por creer en mí cuando había oscuridad en mi corazón. Gracias por ser la luz, el alimento de mi alma y la fuente de mis sonrisas. Los quiero.

A todos quienes leerán este libro con la esperanza de encontrar un trabajo, y quizás reubicar la esperanza perdida sí mismos. Tú PUEDES. Lo mejor de la vida empieza ahora.

A aquellos que no he mencionado, sean pacientes conmigo. Este es mi primer libro, no el último. ☺

*Con amor en memoria de
Judy McDonald,
Barbara Johnson,
Valerie Harris, and
Nicholas Goldsmith*

PRÓLOGO

Cuando le preguntas a tu hijo que es lo que quiere ser cuando sea grande, la respuesta probablemente sería una de las siguientes: médico, abogado, atleta profesional, profesional del entretenimiento, o algo ilegal. Cuando juntas ese limitado espectro de aspiraciones de empleo con la tasa actual de desempleo, el futuro luce un poco deprimente.

La realidad fue el catalizador que me llevó a escribir este libro. Es una guía de 48 trabajos que, por varias razones, no le cruza por la mente a la persona promedio cuando considera buscar empleo. En esta lista también se incluye información pertinente sobre cada trabajo, porque no vale la pena ofrecer un destino sin un mapa para llegar ahí. Aunque los TÍTULOS de los trabajos no los que vendrían a la mente inmediatamente, son muy reales y son alcanzables. Muchos son bastante lucrativos y la naturaleza de otros podría sorprenderte.

Incluso si no encuentras un trabajo que encaje contigo, mi más sincera esperanza es que esta guía te demuestre que tus habilidades no tienen que ser "normales", "convencionales", o "tradicionales" para que

puedas conseguir trabajo, y
uno que sea de verdad bueno.

¡Te deseo lo mejor y feliz cacería!

.

48 trabajos pocos ortodoxos

Recuperador de Aviones

Otros títulos: Ninguno

Labores:
Investigación, rastreo, recuperación, vuelo y entrega de aviones de todo tipo.

Educación o entrenamiento necesario: Licencia de aviación para todo tipo de aviones, familiaridad con leyes de espacio aéreo locales, estatales, nacionales e internacionales, sigilo; estás robando un avión legalmente.

Pago:
6%-10% de comisión del precio de reventa de los aviones, o $10 000$ - $900 000 por avión recuperado.

*Por favor toma en cuenta: El nivel de peligro de este cargo es particularmente alto. Puede que se te pida recuperar aviones de secuestradores, criminales, o personas que simplemente no quieren regresar el avión.

Mensajero en bicicleta

Otros títulos:
Mensajero

Labores:
Hacer entregas en bicicleta en toda la ciudad.

Educación o entrenamiento necesario:
Un fuerte conocimiento de la geografía local y las normas de la calle, alto nivel de aptitud física.

Pago: de 3$- 5$ por viaje, o $200 - $400 por semana.

*Por favor toma en cuenta:
Este trabajo es más apropiado para personas a quienes les gustan los riesgos, conductores muy observadores, y que no se asusten fácilmente. En

promedio, un mensajero en bicicleta pierde su vida anualmente y muchos otros resultan heridos.

Caza recompensas

Otros títulos:
Agente de recuperación de fugitivos

Labores:
Encontrar y capturar fugitivos

Educación y entrenamiento necesario:
Aprendiz de otros cazas recompensas establecidos, rastreo, vigilancia, habilidades de defensa personal,

entrenamiento en armas, entrenamiento de seguridad y negociaciones.

Pago:
de 10%-20% de fianza, o
$50 000 - $80 000 por año.

*Por favor toma en cuenta: este trabajo es peligroso. Estarás cazando fugitivos, y tu vida puede estar en peligro cualquier día.

Decorador de pasteles

Otros títulos:
Ninguno

Labores:

Consultar con los clientes para hacer, crear y diseñar pasteles de varios temas y complejidades.

Educación o entrenamiento necesario:
Completar un programa acreditado por La Federación Culinaria de América o la Escuela de Wilton de Diseño de Pasteles, o graduación en una universidad con un título en artes culinarias.

Pago:
Un promedio de $26 por hora, o de $20 000$ - $50 000 por año.

Cartógrafo

Otros títulos:
Ninguno

Labores:
Usar software de computadora (CAD o GIS) para crear, diseñar y producir mapas precisos en papel, 3D o virtuales, y almacenarlos en bases de datos. La precisión es extremadamente importante para un cartógrafo.

Educación o entrenamiento necesario:
Título en ciencias de la información geológica, que incluya asignaturas de ciencia,

cartografía y software de
diseño. También debe tener
un portafolio profesional de
mapas completados cuando
busque trabajo.

Pago:
$30 000$ - $80 000 con un
promedio de $50 000 por
año

*Aunque los cartógrafos hacen
mapas de lugares lejanos y
exóticos, rara vez visitan los
lugares que colocan en mapas.
Ellos usan fotos aéreas,
imágenes satelitales, equipos
de inspección, GPS, cámaras
especializadas, instrumentos de
bosquejo y escáneres para

crear sus mapas.

Biólogo celular

Otros títulos:
Microbiólogo

Labores:
Estudia microorganismos y
cómo viven, crecen e
interactúan con sus ambientes
naturales.

Educación o entrenamiento
necesario:
Para investigación básicas, un
título de licenciatura en
microbiología. Para
investigadores jefes o para
profesor de universidad, se

requiere un doctorado.

Pago:
$45 859 - $103 030 con un salario promedio de $67 550 ($32,47 por hora).

Limpiador de chimeneas

Otros títulos:
Ninguno

Labores:
Inspeccionar, limpiar, reparar y hacerles servicios a chimeneas.

Educación o entrenamiento necesario:
Certificación con el Instituto

de Seguridad de Chimeneas de
América (CSIA).

Pago:
$12 000$ - $25 000 pero llega
a $80 000 en algunas áreas.

Zapatero

Otros títulos:
Remendón

Labores:
Reparar, restaurar y mejorar el
calzado. También arreglan
cinturones, cierres, equipaje,
guantes, bolsos de manos,
hebillas y otros productos de
cuero. Se paga con atención
específica y orgullo por el

trabajo de calidad.

Educación o entrenamiento
necesario:
Certificado como técnico en
calzado en el Instituto de
Servicios del Calzado de
América (SSIA's por sus siglas
en inglés).

Pago:
$16 000 - $19 000 por año.

Escritor de comedia

Otros títulos:
Ninguno

Labores:
Escribir comedia para revistas,

libros, periódicos, televisión, teatro, películas o monólogos.

Educación o entrenamiento necesario:
No se requiere una educación formal, pero sí un buen humor, la habilidad de entender a una audiencia y se requieren habilidades de escritura.

Pago:
$50 000 por año.

Médico forense

Otros títulos:
Médico examinador; examinador forense

Labores:
Determinar la manera y causa de muerte, notificar a la familia del fallecido, hacer autopsias, testificar en la corte cuando sea necesario.

Educación o entrenamiento necesario:
Licencia otorgada por el estado, formación médica.

Pago:
$28 000 - $80 000; un promedio de $45 000 anuales.

Fotógrafo de escena del crimen

Otros títulos:
Ninguno

Labores:
Tomar fotos de escenas del crimen para investigaciones y como evidencias para la corte.

Educación o entrenamiento necesario:
Título en justicia criminal, gran conocimiento de fotografía.

Pago:
$29 130 por año.

Embalsamador

Otros títulos:
Agente funerario

Labores:
Preparar cuerpos muertos para servicios funerarios.

Educación o entrenamiento necesario:
Título en ciencias funerarias certificado por el estado.

Pago:
de $25 000 - $85 000 en un promedio de $45 000 anuales.

Asesor de Feng Shui (pronunciado fong-shuei)

Otros títulos:
Ninguno

Labores:
Reorganizar los espacios de la casa del cliente para ayudar a que la energía positiva fluya libremente.

Educación o entrenamiento necesario:
Curso de entrenamiento de Feng Shui.

Pago:
de $20 000 - $60 000 anuales.

*Los asesores de celebridades pueden ganar hasta $250 000 anuales.

Especialista en sabores

Otros títulos:
Químico de sabores

Labores:
Científico que crea y duplica los sabores que se pierden cuando la comida es procesada.

Educación o entrenamiento necesario:
Título en química recomendado:
Para ser un especialista de sabores principiante, 5 años de experiencia
Para ser un especialista en sabores experto, 7 años de experiencia

Pago:
$50 000 - $200 000 por año

*La experiencia es obtenida
por la Sociedad de
Especialistas en Sabores, y hay
solo unos 1000 especialistas
alrededor del mundo.

Científico en alimentos

Otros títulos:
Ninguno

Labores:
Investigar las maneras de
mejorar la eficiencia y la
seguridad de los
establecimientos de agricultura
y sus productos.

Educación o entrenamiento necesario:
Licenciatura

Pago:
$62 470 anual o $30,03 por hora

Artista de retratos forenses

Otros títulos:
Ninguno

Labores:
Usar descripciones verbales detalladas para recrear imágenes precisas que puedan ayudar a resolver crímenes.

Educación o entrenamiento

necesario:
Certificación en artes forenses, preferiblemente con un título de arte o de justicia criminal.

Pago:
$29 000 - $62 000 por año o $14,30 por hora.

Trabajador de servicios funerarios

Otros títulos:
Ninguno

Labores:
Organizar y manejar los detalles de un funeral.

Educación o entrenamiento

necesario:
Título de asociado de servicios fúnebres o de ciencias mortuorias de la Junta Americana de Educación de Servicios Fúnebres o equivalente, de 1 a 3 años de entrenamiento con un director fúnebre licenciado, pasar el examen de la Junta Nacional, y licenciarse en Washington, DC, así como en cualquier estado (o país) en el que se trabaje.

Pago:
$53 390 por año o 25,67 por hora.

Asesor Genético

Otros títulos:
Ninguno

Labores:
Asesoran el riesgo familiar individual por una variedad de condiciones heredadas como trastornos genéticos y defectos de nacimiento. Se les da información y apoyo a otros proveedores médicos, individuos o familias preocupadas con el riesgo de heredar estas enfermedades.

Educación o entrenamiento necesario:
Maestría en asesoría genética además de una certificación de una asociación.

23

Pago:
$72 090 o $34,66 por hora

Recuperador de pelotas de golf

Otros títulos:
Recogedor de pelotas de golf

Labores:
Sumergirse en las lagunas de los campos de golf para recuperar las pelotas que han sido lanzadas allí. Las pelotas recuperadas luego serán reutilizadas como una alternativa más económica que tener que comprarlas nuevas.

Educación o entrenamiento

necesario:
Tener al menos 18 años, tener la capacidad de levantar 28kg, tener una aprobación médica de buena aptitud física, tener un certificado en primeros auxilios y rescate de ahogados, y completar los cursos de certificación de 4-6 semanas o un programa acreditado de buceo de 7-9 meses de duración.

Pago:
hasta $100 por hora o $100 000 por año.

Cava tumbas

Otros títulos:

Trabajador de cementerio, custodio de cementerios.

Labores:
Cavar tumbas para los entierros y mantener el suelo del cementerio.

Educación o entrenamiento necesario:
Aptitud física, sensibilidad y comodidad con la presencia de muertos.

Pago:
$20 000 - $55 000, en promedio $40 000 anuales.

Escritor de tarjetas de presentación

Otros títulos:
Ninguno

Labores:
Escribir mensajes de tarjetas de presentación, investigar tendencias de tarjetas de presentación.

Educación o entrenamiento necesario:
Licenciatura en escritura creativa, publicidad, marketing o idiomas.

Pago:
$25 -$150 por tarjeta de presentación.

*Con tarjetas de humor se

gana más dinero.

Diseñador de armas

Otros títulos:
Ninguno

Labores:
Diseñar, arreglar, modificar, realizar servicios y ensamblaje de armas de fuego.

Educación o entrenamiento necesario:
Licencia federal de armas, que debe ser renovada cada 3 años por $200, al menos 4000 horas de instrucción como aprendiz por profesión, los diseñadores de armas expertos

deben registrar al menos
16 000 horas de instrucción
como aprendices.

Pago:
$25 000 - $49 000 por año, o
$11-$24 por hora.

*El nivel de peligro de este
trabajo es alto. Se debe prestar
mucha atención a los detalles
por el peligro inherente de
trabajar con armas.

*El ATF (Agencia de Alcohol,
Tabaco y Armas de Fuego, por
sus siglas en inglés) supervisa
esta profesión, la cual está
restringida a nivel estatal y
federal.

Encargado de señalización vial

Otros títulos:
Ninguno

Labores:
Dirigir y controlar el flujo del tráfico vehicular en zonas de construcción.

Educación o entrenamiento necesario:
Certificación de la Asociación Americana de Servicios de Seguridad Vial, entrenamiento en señalización vial.

Pago:
$17 000 anuales o $15-$20 por hora.

Ilustrador

Otros títulos:
Ninguno

Labores:
Usa dibujos para informar,
convencer o entretener.

Educación o entrenamiento
necesario:
Habilidades en una o más
formas de artes o dibujo.

Pago:
$44 850 o $21 por hora.

*Los ilustradores pueden ganar
hasta $89 000 por año; los
ilustradores famosos pueden

ganar $200 000 por año; los ilustradores médicos o técnicos pueden ganar $40 000 - $150 000 por año.

Jefe de maquinistas

Otros títulos:
Ninguno

Labores:
Supervisa a los equipos de maquinistas, quienes levantan, mueven, transportan, instalan, operan, construyen y colocan equipos de producción como cámaras e iluminación donde deben estar.

Educación o entrenamiento

necesario:
Buena forma física, habilidades en carpintería, cableado y electricidad, membresía en una unión para garantizar buen salario.

Pago:
$37 000 - $100 000

*El mejor mercado para este trabajo está en Los Ángeles y Nueva York.

Sumiller maestro

Otros títulos:
Ninguno

Labores:

Puede trabajar en restaurantes, bodegas de vinos, o independientemente. En restaurantes, un sumiller maestro ayuda a elegir vinos para el restaurante además de ayudar a los clientes a decidir cuál vino complementa mejor su comida. Además, el sumiller maestro puede instruir empleados en los restaurantes del área.

Educación o entrenamiento necesario:
Antes de ser un sumiller maestro, primero se debe llegar al estado de sumiller principiante, seguido por sumiller certificado, luego

sumiller avanzado. Solo entonces se puede hacer la prueba de sumiller maestro… para la cual se debe ser invitado. Completar y pasar este examen normalmente requiere 2 o 3 intentos, y a veces hasta 6.

Si pasas, se te otorga un diploma de la Corte de Sumilleres Maestros, algo que solo 229 personas en el mundo han logrado desde 1969. Los maestros sumilleres viajan a menudo para reunir experiencia directa de los procesos de elaboración de vino, asisten regularmente a eventos de cata de vinos formales, y debe mantenerse informado sobre las tendencias de la industria del vino.

Pago:
$150 000 por año

Mimo

Otros títulos:
Pantomimo; artista callejero

Labores:
Interpretar convincentemente el arte de actuar sin usar ninguna palabra.

Educación o entrenamiento necesario:
Entrenamiento en el Teatro

de Mimos de América o En el
Teatro de Mimos Teatrales, un
permiso para aquellos que
hacen espectáculos en las
calles.

Pago:
Hasta $77 000 por año

Doble en películas

Otros títulos:
Ninguno

Labores:
Practica y realiza secuencias de
acción para películas y
televisión.

Educación o entrenamiento

necesario:
Completar un entrenamiento de un mes en la Escuela Internacional de Dobles, hacerse miembro del gremio de actores de cine (SAG, por sus siglas en inglés) o la Federación Americana de Artistas de Radio y Televisión.

Pago:
$5000 - $250 000 por año; en promedio $70 000.

Oculista

Otros títulos:
Ninguno

Labores:

Construir, diseñar, personalizar y mantener prótesis oculares, también conocidas como ojos artificiales.

Educación o entrenamiento necesario:
Completar formación con la Sociedad de Oculistas de América (ASO, por sus siglas en inglés) incluyendo 5 años o 10 000 horas de entrenamiento y 750 créditos en los cursos de ASO, luego pasar los exámenes de la Junta Nacional de Examinación de Oculistas.

Pago:

$60 000 - $100 000 por año.

Comprador personal

Otros títulos:
Asesor de imagen

Labores:
Comunicarse con su cliente
para ayudarlo a determinar lo
que necesita comprar, luego
ayudarlo a comprar los
productos ideales, o comprar
POR ellos.

Educación o entrenamiento
necesario:
Experiencia en ventas,
habilidad de llevarse bien con
diferentes personalidades.

Pago: $30 000 - $60 000 por año

Agente judicial

Otros títulos:
Oficial notificador

Labores:
Envía y entrega papeles legales (citaciones, y órdenes judiciales, y otros).

Educación o entrenamiento necesario:
Certificación de la Asociación Nacional de Especialistas Investigadores, culminación de entrenamiento como agente judicial, licenciatura estatal.

Pago: $25 000 - $70 000 anuales.

Escultor profesional de quesos

Otros títulos:
Ninguno

Labores:
Moldea quesos para hacer esculturas como una forma de anuncio publicitario. El producto terminado es generalmente exhibido en espectáculos, eventos de comida y vino, en ferias, supermercados, bodas, y otros. Un proyecto de escultura puede tardar entre 2 horas y 10 días para

completar.

Educación o entrenamiento
necesario:
Amor por el arte, mucha
destreza, paciencia.

Pago:
$400 - $1500 por escultura,
o una tasa fija para proyectos
más grandes.

*solo hay 3 escultores
profesionales de quesos en los
Estados Unidos.

Hacker profesional ético

Otros títulos:
Probador de vulnerabilidades,

pirata informático profesional.

Labores:
Usar sus habilidades en informática para penetrar en sistemas de información para incrementar la seguridad, identificar vulnerabilidades, y reducir los casos de infiltración criminal.

Educación o entrenamiento necesario:
Certificación del Consejo EC, conocimientos de lenguajes de programación y secuencias de comando, y piratería informática.

Pago:

44

$92 000 - $170 000 anuales.

Saltador de colchones profesional

Otros títulos:
Probador de muebles

Labores:
Caminar o saltar en patrones predeterminados en colchones nuevos para asegurarse de que no haya bultos o imperfecciones.

Educación o entrenamiento necesario: Ninguno

Pago:
$28 000 o $13,74 por hora.

Titiritero

Otros títulos:
Ventrílocuo

Labores:
Diseña, crea y manipula
títeres.

Educación o entrenamiento
necesario:
Se recomienda un título en
artes escénicas.

Pago: $32 000 - $250 000
dependiendo de la
contratación.

Recolector de animales
atropellados

46

Otros títulos:
Ninguno

Labores:
Localiza, quita y desecha restos
de animales atropellados de la
vía.

Educación o entrenamiento
necesario:
Licencia para conducir, fuerte
estómago.

Pago:
$15 por hora o una tasa
establecida por animal
encontrado con un potencial
de ganancias de $72 000 por
año.

Payaso de rodeos

Otros títulos:
Payaso de corridas

Labores:
Protegen a los vaqueros de los
toros, entretienen a la
audiencia del rodeo.

Educación o entrenamiento
necesario:
Culminación de escuela de
payasos de rodeo.

Pago:
$100 - $500 por espectáculo,
o $40 000 - $90 000 por año.

*Este trabajo tiene un riesgo

moderadamente alto. Los payasos de corrida corren el riesgo de ser heridos (apuñalados con los cuernos), romperse un hueso o quizás morir en cualquier momento.

Optimizador de motores de búsqueda

Otros títulos:
Ninguno

Labores:
Analiza, revisa, cambia y desarrolla sitios web para aumentar la visibilidad de esos sitios y su clasificación en motores de búsqueda.

Educación o entrenamiento
necesario:
Conocimiento de HTML, CSS
y JavaScript.

Pago:
$32 000 - $68 000 por año.

Instructor de paracaidismo

Otros títulos:
Ninguno

Labores:
Empaca los paracaídas, se
lanza en paracaídas y les
enseña a otros, generalmente
lanzándose con ellos.

Educación o entrenamiento

necesario:
Conocimiento amplio de caída libre y paracaidismo, calificación de instructor en el USPA, y al menos 500 saltos y 3 horas de caída libre registrados.

Pago:
Este es un trabajo estacional, generalmente solo para los fines de semana por 10 meses del año, si el clima lo permite, el promedio salarial es de $30 000.

Ordeñador de serpientes

Otros títulos: Extractor de veneno de serpientes

Labores:
Manualmente extraer el veneno de serpientes para ser usado en la elaboración de antídotos.

Educación o entrenamiento necesario:
Título en biología, química o herpetología (el estudio de los reptiles), culminación de un curso completo de identificación y manejo de serpientes.

Pago:
$2500 mensual o $30 000 por año.

Estibador

Otros títulos:
Trabajador de muelle;
cargador

Labores:
Trabaja en el compartimiento
de carga del barco en varias
funciones, colocando amarres,
cables, y ganchos en los
contenedores de carga. Puede
guiar grúas para ayudar con la
carga y descarga, o usar
rampas para ayudar a bajar
carga, dependiendo de su
ámbito de especialización.

Educación o entrenamiento
necesario:
Certificación de la Comisión
Nacional de Certificación de

Operadores de Grúa,
entrenamiento en el sitio.

Pago:
$41 000 - $70 000 anuales,
dependiendo en el ámbito de
especialización.

Cocinero de Submarino

Otros títulos:
Chef de submarino

Labores:
Trabajan con otros 2 cocineros
para proporcionar 4 comidas
diarias para hasta 58 personas.
Debe vivir en espacios
reducidos con poca
privacidad. Los submarinos

permanecen bajo el agua por
semanas, incluso meses, así
que los que estén interesados
no pueden ser claustrofóbicos.
También deben conocer las
funciones básicas del resto del
personal en caso de
emergencia.

Educación o entrenamiento
necesario:
Debe pasar una prueba
psicológica, tener la habilidad
de llevarse bien con personas
de diferentes personalidades, y
tener una amplia experiencia
culinaria. Para aplicar para la
marina real, se debe tener
entre 16 y 36 años de edad.

Pago:
Base: $58 000, individuo crítico a la marina un bono de $50 000, bono de capacidad (para cocineros experimentados $40 000, subsidio de alta mar: $22 000, subsidio de servicio submarino $26 703.
Total: $196 957 por año.

Taxidermista

Otros títulos:
Ninguno

Labores:
Prepara, rellena y monta animales en una apariencia natural tridimensional como

trofeo para cazadores,
museos, hogares, instituciones
educativas o restaurantes.

Educación o entrenamiento
necesario:
Formación con un
taxidermista reconocido,
culminación de 12 semanas de
curso de taxidermista, y
posesión de una licencia
emitida estatalmente.

Pago:
Por cada trabajo,
aproximadamente $41 000
anuales.

Escritor técnico

Otros títulos:
Ninguno

Labores:
Crea documentos sobre temas complicados y con vocabulario técnico y los comunica en términos más fáciles de entender.

Educación o entrenamiento necesario:
Previa experiencia como escritor, portafolio profesional.

Pago:
$36 000 - $97 000, en promedio $53 000 anuales.

Toxicólogo

Otros títulos:
Ninguno

Labores:
Estudia e investiga los síntomas, mecanismos y tratamientos de toxinas potencialmente dañinas. También trata de entender e identificar qué toxinas están alrededor y qué efectos tendrán en el ambiente si son expuestas.

Educación o entrenamiento necesario:
Licenciatura, maestría o doctorado en ciencias,

preferiblemente en toxicología. También debe pasar pruebas la Junta Americana de Toxicología.

Pago:
$60 747 - $88 969 por año.

Cirujano de árboles

Otros títulos:
Arborista; arboricultor

Labores:
Trabaja para mantener la salud de los árboles. Diagnostica problemas, actúa para restaurar la salud de los árboles.

Educación o entrenamiento necesario:
Título en paisajismo, arquitectura, botánica o silvicultura, certificación de la Sociedad Internacional de Arboricultura.

Pago:
$39 000 por año

Probador de videojuegos

Otros títulos:
Ninguno

Labores:
Evaluar y reportar fallas, errores e incidencias de juegos en desarrollo.

Educación o entrenamiento necesario:
Se recomienda un título en ciencias informáticas.

Pago:
$18 000 - $80 000 por año

Trabajador de equipo de pits

Otros títulos:
Ninguno

Labores:
Ayuda a cambiar las llantas, reabastecer el combustible, realizar ajustes de aerodinámica y revisar las partes del automóvil a una velocidad alta para que el

conductor pueda volver al circuito tan rápido como sea posible.

Educación o entrenamiento necesario:
No se requiere educación formal, pero sí conocimientos automotrices y se recomienda un entrenamient como trabajador de equipo de pits.

Pago:
$35 000 - $90 000 por año.

CONCLUSIÓN

Por favor toma en cuenta que tú debes investigar la disponibilidad y otros requerimientos de cada trabajo en el que estés interesado.

No está disponible cada trabajo en cada ciudad, y la época del año también puede impactar en la disponibilidad de un trabajo. Esta es una simple guía para orientar sobre los posibles trabajos, y prueba que tus habilidades no tienen que ser las convencionales para que puedas vivir decentemente.

Buena siente en tu búsqueda. ¡Sí se puede vivir con trabajos inusuales!

ACERCA DE LA AUTORA:

Nicole C. Harris está familiarizada con los trabajos poco convencionales. Aunque recibió su licenciatura en administración de empresas en el 2003, eventualmente se dio cuenta de que un trabajo convencional de 9 a 5 no encajaba con ella. Ella tuvo un trabajo poco convencional o dos hasta que por fin decidió ejercitar su músculo emprendedor.

Ahora es Directora y fundadora de *NK Squared Errand* y *Concierge Services*. Uno de los servicios de su compañía, casualmente, es de comprador personal, ¡una de las ocupaciones descritas en este libro!

Nicole C. Harris se considera una clase de fénix. Tuvo dos hijos con 3 años de separación, por lo que tuvo que levantarse de las cenizas y reinventarse más de una vez, y eso era casi imposible con un trabajo convencional. Esas cenizas y esa realidad la llevaron a escribir este libro.

Después de mucha motivación proveniente del maravilloso grupo de apoyo de sus amigos y familiares, ella finalmente se dio cuenta de que el camino que eligió era uno valioso, y no menos importante que el de los demás.

Y tu camino es igual de importante, convencional o no. Por favor continúa caminando por él.

Interested in having your book
published?

Contact APS Publishing

Accepts fiction, nonfiction, poetry, inspirational and children's genres

(855) WER – 1APS or (855) 937-1277

In the Chicagoland area?

Visit APS Books & More
Bookstore
7601 S. Cicero
Chicago, IL 60652

www.weareaps.com

apsnternational@gmail.com

www.ingramcontent.com/pod-product-compliance
Lightning Source LLC
Chambersburg PA
CBHW060035210326
41520CB00009B/1136